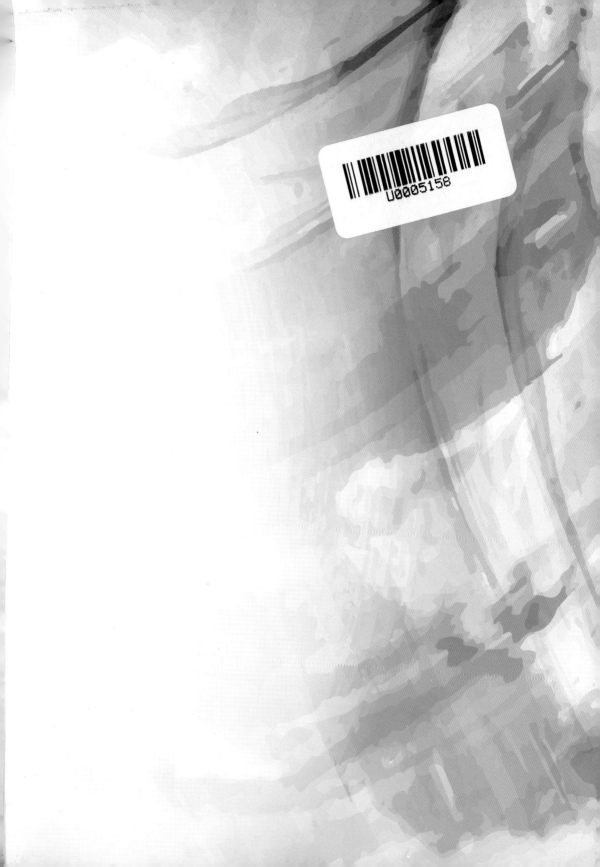

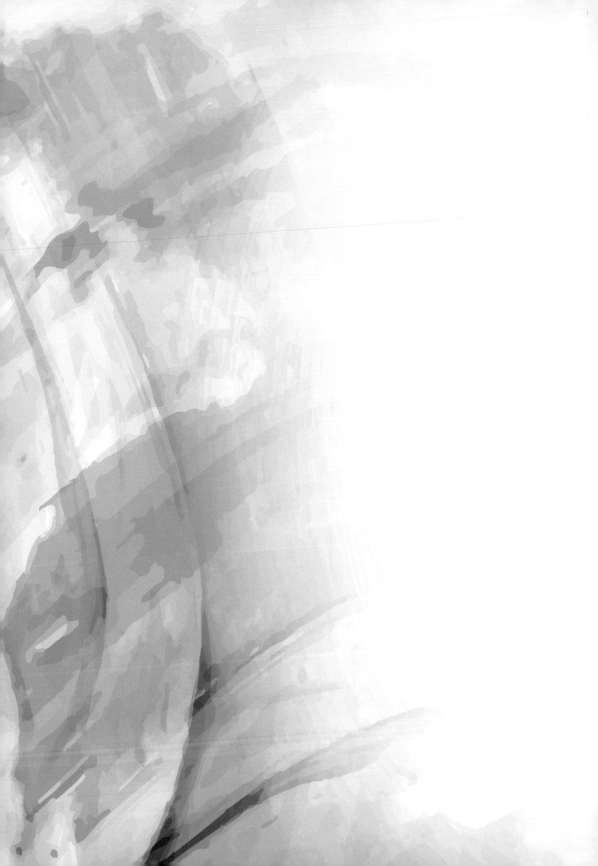

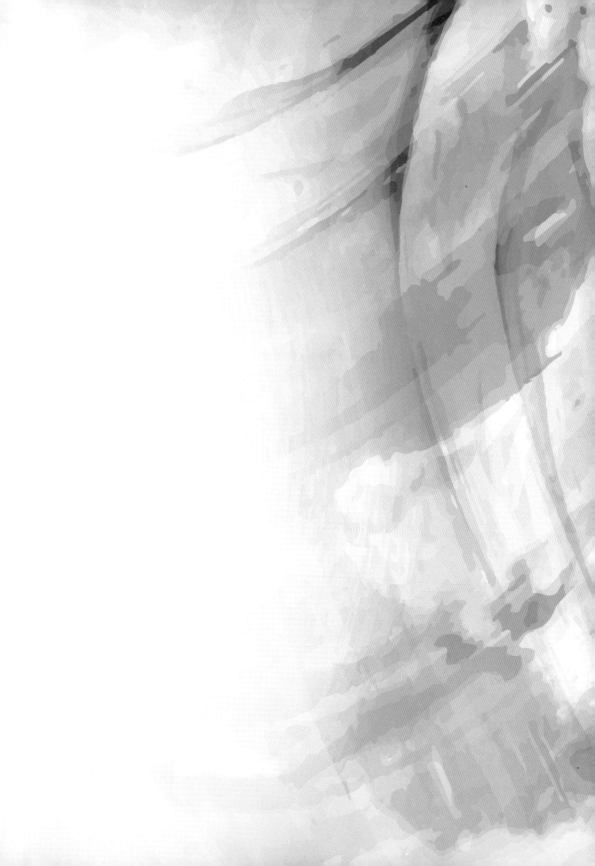

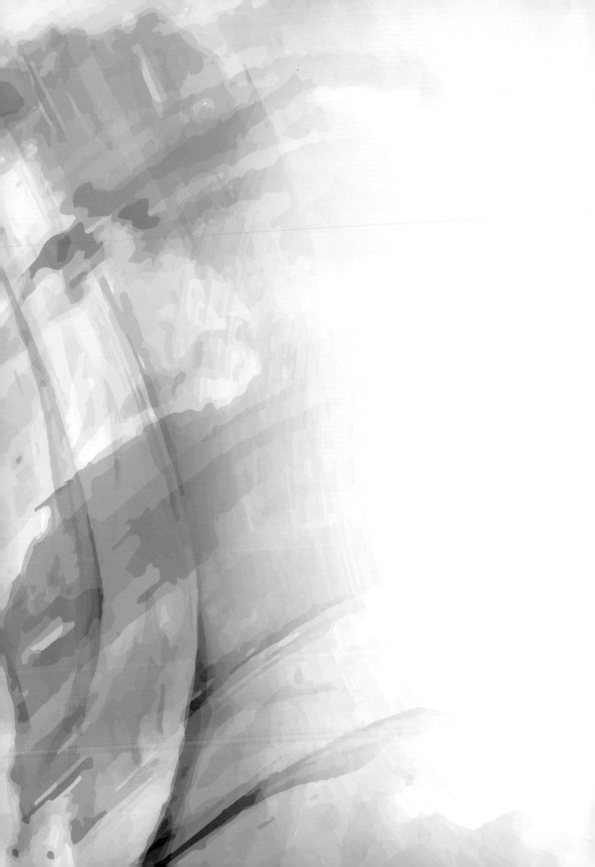

手繪記憶

吳憶萍、林文智 著

吳憶萍 插畫

六龜林業老建築故事集

開啓高雄文史工作的
另一新頁

　　文化是人類求生存過程中所創造發明的一切積累，歷史則是這段過程記載。每個地方所處的環境及其面對的問題皆不相同，也必然會形成各自不同的文化與歷史，因此文史工作強調地方性，這是它與國史、世界史的差異所在。

　　高雄市早期在文獻會的主導下，有部分學者與民間專家投入地方文史的調查研究，也累積不少成果。唯較可惜的是，這項文史工作並非有計畫的推動，以致缺乏連貫性與全面性；調查研究成果也未有系統地集結出版，以致難以保存、推廣與再深化。

　　2010 年高雄縣市合併後，各個行政區的地理、族群、產業、信仰、風俗等差異更大，全面性的文史工作有必要盡速展開，也因此高雄市政府文化局與歷史博物館策劃「高雄文史采風」叢書，希望結合更多的學者專家與文史工作者，有計畫地依主題與地區進行調查研究與書寫出版，以使高雄的文史工作更具成效。

　　「高雄文史采風」叢書不是地方志書的撰寫，也不等同於地方史的研究，它具有以下幾個特徵：

　　其 一、文史采風不在書寫上層政治的「大歷史」，而在關注下層社的「小歷史」，無論是一個小村落、小地區、小行業、小人物的故事，或是常民生活的風俗習慣、信仰儀式、

休閒娛樂等小傳統文化，只要具有傳統性、地方性與文化性，能夠感動人心，都是書寫的範圍。

其二、文史采風不是少數學者的工作，只要對地方文史充滿熱情與使命感，願意用心學習與實際調查，都可以投身其中。尤其文史工作具有地方性，在地人士最瞭解其風土民情與逸聞掌故，也最適合從事當地的文史采風，這是外來學者所難以取代的。

其三、文史采風不等同於學術研究，書寫方式也與一般論文不同，它不需要引經據典，追求「字字有來歷」；而是著重到田野現場進行實際的觀察、採訪與體驗，再將所見所聞詳實而完整的記錄下來。

如今，這套叢書再添吳憶萍、林文智《手繪記憶 ——六龜林業老建築故事集》專書出版，為高雄的文史工作開啟另一新頁。期待後續有更多有志者加入我們的行列，讓這項文史工作能穩健而長遠的走下去。

「高雄文史采風」叢書總編輯

謝貴文

六龜林業

　　六龜森林的大規模開發始於日治時期,從昭和 2 年(民國 16 年)京都帝國大學於六龜庄設立辦公處,並於扇平設置苗圃後,即有計畫的經營六龜山林。當時的經營目標主要是樟腦資源開發、金雞納樹選育,尋找富含奎寧的品種,以因應南洋戰爭瘧疾藥品的需求,以及伐取山林木材。

日治時期,京都大學台灣演習林全體職員合照,拍攝地點於當時六龜辦公室前。照片提供 / 楊源興

光復後，民國 39 年 5 月林業試驗所六龜金雞納試驗場成立，接收了日治時期有關金雞納栽植培育研究，同時開發熱帶樹種的利用價值，後因南洋國家的提煉奎寧成本低廉，加上已逐漸有化學合成之技術，因此於民國 53 年改為研究其它林業技術。

50 年代起，因工業化發展，山林大量使用鏈鋸及拖吊大型木材等機械化設備，加上林道開設品質提昇，此一時期大量開發山林中的木材及相關副產物，當時六龜經濟高度發展，至民國 60 年時，人口已達近 23,000 人，比 20 年前增加了 2.5 倍。直至民國 78 年，政府宣布全面禁伐，林業試驗所六龜分所業務改變，以研究山林動植物特性與生態，發展顧全生態系發展的經營技術為目標，並積極保育山林及進行自然生態教育的推廣。

隨著林木禁伐與工業發展，80 年代後山林工作機會急速減少，人口外移，六龜的老行業與老建築逐漸凋零，今日若沒有老人家們憑著記憶訴說過往的故事，很難想像六龜曾有那樣的繁華。老行業與老建物的保存困難重重，期待這本書能留下珍貴的記憶及建物們美麗的身影，達到承先啟後繼往開來的功能。

林業試驗所六龜研究中心副研究員

林文智

慢作手工與老建築

　　建築，讓你聯想到甚麼呢？木造磚造？還是最新的鋼骨結構？

　　建築，也是一個地方發展重要的文化指標，這幾年台灣開始風行「老街」之旅，從九份、平溪、西螺、鹿港到旗山，每個地區因當時的地理環境不同，而衍生出不同的聚落型態。至今，我們可以從這些老街的建築型態發掘出當時的人文與歷史脈絡。

　　在南台灣的六龜，早期就以伐木盛名，這裡曾有許多日治時期的老建築，如樟腦專賣局、金雞納試驗場、洪稛源交易所等。西元 1984 年，由孫越主演的「老莫的第二個春天」電影就曾以六龜林務局木造宿舍作為場景，直到現今，老一輩六龜人回憶起那一段歷史，仍是津津樂道。

　　木造建築的工法，講求的就是手作細節，木工師傅會以精細的手工，一刨一鑿地慢慢讓木頭成形，然後接榫組成。在六龜街上唯一的客運車站「池田屋」，曾經是接待日本軍警的地方，就是一棟以ㄇ字型構成的純手工木造日式建築，

已有近百年歷史，現今已被文化部列為重要文化資產，只是隨著時空流轉，老車站逐漸損壞、凋零。位於中庄林業試驗所六龜研究中心的木工室，曾經是木工師傅「阿春師」一輩子工作的地方，樹木材質及特性對他而言，都能如數家珍的娓娓道來。現今留下的，只有木工老師傅賴以為生的用具，靜靜的放置木工櫃上，或許有一天，這些工具可以再找到願意使用它們的匠師。

　　現在，就讓我們隨著這一系列傳統木工工具，展開一場老建築的時空之旅吧！

吳憶萍

目次 Content

歷史脈絡

林業聽看

六龜唯一的客運站，前身是日本時代的「池田屋」，為一間接待日軍駐防及日本警察的旅社，現為縣級指定之歷史建築→經各方的努力，公告為歷史古蹟。照片提供／陳鴻鳴

林業試驗所曾是附近小學生遠足踏青的地方。照片提供／林煥松

荖濃溪

六龜車站

陳祖澪

六龜國小　六龜國小

ELEVEN

順利鐵店

順利鐵店

林務局　林試所

扇平山莊

林產物檢查站

通天潭

過往順利打鐵店的打鐵聲，是喚醒六龜街道的鬧鈴

多納吊橋又稱「安通吊橋」，取自二位施作者的名字，也有有安全通行之意。長度 186 公尺，距溪床垂直高度約 87 公尺，通行寬度約 1.5 公尺。
照片提供／朱文通

扇平

茂林

盧園山
工作站

南鳳山
工作站

五木寮

多納吊橋

多納溫泉

自慶堂

視聽教室

多納村(石板屋)

多納

多納苗圃

歷史脈絡

六龜，擁有這個可愛的名字，身世一樣精采萬分。位於屏東平原與中央山脈丘陵的交接處，附近的鄰居，從東邊算起，有桃源區、茂林區、西鄰甲仙區、杉林區、美濃區，南接屏東縣高樹鄉與三地門鄉。

從歷史脈絡看六龜

　　六龜，擁有這個可愛名字的區域，位於屏東平原與中央山脈丘陵交接處，這裡同時因斷層壓力而形成地塹地形，再加上被荖濃溪的水流日夜侵蝕，沿岸有顯著的河階，屬於沙礫沖積地質。

　　六龜附近的鄰居，從東邊算起，有桃源區、茂林區，西鄰甲仙區、杉林區、美濃區，南接屏東縣高樹鄉與三地門鄉。這張扁平的行政區域地圖加上等高線圖後，會發現本地有五分之三的面積屬於山林，五分之二屬於農耕或其他地形，是個典型靠山吃山的小鎮。

　　十九世紀，一位遊歷各國的蘇格蘭籍人類學家——約翰．湯姆森，在一個偶然機緣下決定來台灣探險，他於左鎮登陸，然後一路向深山挺進，幸虧有他用相機拍下當時的景況，我們才能從他的相片得知甲仙、荖濃、六龜等地的當時模樣。

　　那些老照片顯示，沿著荖濃溪谷河岸，已有平埔族人居住，並過著狩獵生活。漢人則大約在乾隆年間，才由福建、廣東兩地遷來散居於六龜的新威、新寮、新興，並從事開墾、農耕工作。清治時期的新威屬於六堆客家族群地區中的「右堆」一部分。

到了日治時期，大正9年（西元1920年），台灣總督府實施街庄制度，於是港西上里的新威庄和楠梓仙溪東里六龜里庄、土壠灣庄、荖濃庄、新開庄，劃在一起成為「六龜庄」，隸屬於「屏東郡」。並且為了開發樟腦產業，有另一批客家移民遠從新竹州遷移過來，大多居住在楠梓仙溪東里的六龜里庄、荖濃庄和土壠灣庄一帶。

　　日治時期的台灣，樟腦輸出產量位居世界第一。日本政府於西元1898年設立「台灣樟腦專賣局」，專門處理樟腦

昭和17年（民國31年）11月1日，台灣樟腦專賣局六龜出張所與屏東支局併合紀念。照片提供／謝仁寬

業務事項，並訂定樟腦管理辦法，實施樟腦專賣制度、訂定樟樹之砍伐、保護及造林計劃並獎勵民間種植。其間六龜地區山中製樟取腦工作大為興盛，從最南端的大津、中興、新發、新開、荖濃、寶來，甚至遠到桃源等地區，到處可見樟腦寮和辛勤工作的人民。

到了國民政府時期，林務局的山林政策加上南橫公路與藤枝林道的開發，各地來了許多卡車、怪手司機，從荖濃溪各林道進入藤枝地區，由小關山林道與南橫公路進入荖濃溪各主支流山系，這大範圍的森林砍伐作業，是六龜山城近代最重要的開發史。

大量伐木作業帶來可觀經濟效益，吸引許多來自雲林、嘉義、屏東等地區的人民離鄉背井，到六龜進行淺山的農耕種植，如樹薯、竹筍等經濟作物，同時也有來自台南的布商、旗山的百貨商等，來到六龜開設商店。

日治時期樟腦局六龜出張所，
現今為林務局舊辦公室。

六龜人口數在民國60年代達到巔峰，只是隨著森林禁伐、林業沒落，加上工業區發展，大量人口外移，留在六龜的居民開始轉往農業發展，蜜棗、芒果、蓮霧等作物擁有盛名。

　　天有不測風雲，民國98年莫拉克風災帶來了罕見的豪大雨，造成土石流與溪水暴漲，山坡地崩塌，農地也被淹沒，許多長者被迫搬離居住一輩子的地方，六龜人口在這幾年間

許多人力投入藤枝林道工程。照片提供／羅阿樹

不得已快速外移。

　　民國 99 年，隨著行政區域調整，高雄縣與高雄市合併，六龜變成了高雄市六龜區。但居住在山區的居民們，仍持續過著日出而做、日落而息的務農生活，雖然繁華生活不再，但先民胼手胝足的精神仍是六龜文化的重要底蘊，陪著留守家鄉的人民，為未來持續奮鬥。

六龜守護神——
十八羅漢山

　　六龜，這個特殊的地名由來，可就地形、族名、神話分別談起。

　　地形說，昔日六龜庄時期，因庄後地形像背著俗稱「三枝尖」的龜形，山丘及庄前溪畔立有俗稱「三尖石」的龜形

巨石，共呈現六座龜巖併立之形勢，遂稱「六龜」沿用迄今，
近年來颱風暴雨加劇，數顆岩石早已不知被沖向何處，如今
僅剩荖濃溪邊的「龜王岩」憑弔留念。

十八羅漢山速寫

族名說，則與「平埔族四社熟番中芒子芒番社」之社名「Lakuri」音譯有關，該社成員原本住在玉井區地域，明鄭時期被西拉雅族群所逐，因而越過內烏山在此墾植居住，日本政府因名設治（西元 1902 年）以為流傳。

昭和年間十八滑灣山隧道開通。
照片提供／楊源興

神話說，則和十八羅漢山典故連結，傳說，六龜大橋橋底荖濃溪河床有六顆長得像龜形的巨石，龜形巨石吐納天地精氣修練成精，當地民眾深信這是山川神靈假諸龜形逢災顯聖庇護地方，成了當時墾拓蠻荒時期的心靈寄託。

　　佇立荖濃溪畔的十八羅漢山，是六龜著名地標之一，這裡是由 40 多座直立圓錐狀的山脈所組成，山形有如火焰，因植物不易存活，如同西遊記中的「火炎山」，所謂「火炎山地形」，是指巨厚的礫岩層所形成的惡地地形，當礫岩層露出水面後，受營力作用交互影響下，一塊塊的礫石層往下崩落，在下切侵蝕作用下，形成獨特的峰峰獨立景象，這也導致植物不易附著生長。

　　十八羅漢山的名稱由來，可以用「橫看成嶺側成峰，遠近高低各不同」來形容。老一輩指出，若站在荖濃溪的東邊看，此座山形就如同十八個羅漢各展英姿，像是守護著六龜這一塊土地。日本人於西元 1927 年開始開鑿十八羅漢山隧道，西元 1937 年完成五座。後因五號隧道北端出口遭洪水沖毀，改向並延長，加鑿六號隧道，於西元 1943 年完成，才有現今的六座隧道，恰巧也與六龜地名相呼應。台灣光復後，六龜隧道由公路局接管保養，隧道全長約三公里。

林業聽看

扇平，日本時代地名為「池鯉鮒」，京都帝國大學
在此設立「扇平作業所」，多以育苗、造林為主要
工作，當時並規劃了辦公室、宿舍及苗圃等。二次
世界大戰前，開始大規模種植金雞納樹。由於森林
氣候適宜，使得扇平山區成為當年台灣金雞納樹皮
主要的生產重地。

話說扇平

　　扇平，位於台灣高雄市茂林區與六龜區之間中央山脈最南端支陵帶上，海拔約750公尺，日本時代地名為「池鯉鮒」，為六龜警備線中其中一個分遣所之地名。因周圍山脈鳥瞰如同一把展開的扇子，因而得名。其森林生態體系相當完整，日治時期，京都帝國大學在此設立「扇平作業所」，多以育苗、造林為主要工作，當時並規劃了辦公室、宿舍及苗圃等，二次世界大戰期間，日軍為避免於南洋之軍隊遭受瘧疾為害，引進金雞納樹，開始在全台灣各地種植。六龜地區金雞納栽培試驗於民國 17 年（西元 1928 年）開始，由沼田教授在扇平地區開始種植，於民國 21 年（西元 1932 年）試植成功後，逐漸擴大造林面積，並載運金雞納苗木至附近山區，進行造林試驗。由於森林氣候適宜，使得扇平山區成為當年台灣金雞納樹皮主要的生產重地。

光復後，這裡仍是重要的工作站，隨著時代演變，瘧疾早已不復見，金雞納樹可說是功成身退，改為提供森林生態研究及推廣為主要工作，扇平地區依舊是南台灣重要的生態研究站之一。

早期山中試驗金雞納樹老照片。
照片提供／林業試驗所六龜研究中心

茜草科的金雞納樹樹皮可提煉「奎寧」，
是當時治療瘧疾的主要原料

日治時期，遠眺扇平。從照片中可見到扇平作業所工作人員的宿舍、事務所、高等官員宿舍配給所及乾燥場。照片提供／楊源興

　　因扇平工作站開發較早，田野調查中記錄著四棟代表林業單位的老建築，五木齋、自慶堂、舊辦公室及舊伙食團等，其中以五木齋歷史最為悠久，也是至今保留最完整的建物，每棟建築物各有不同的建築風格及人文故事，靜靜走過近百年歷史。

走過百年記憶──
五木齋

　　五木齋，這棟傳統日式建築坐落於幽靜山林中，總是吸引到此造訪遊客的目光，靜靜走過百年歲月。建造於民國3年的五木齋，原為日治時代京都大學演習林場長的公務宿舍，整棟採用台灣檜木及烏心石等珍貴木材建築而成。光復後，民國36年（西元1947年），第一任林務局長黃維炎博士邀請中國林業大師侯過先生來台考察，漫遊扇平時，將此建築命名為「五木齋」，並書對聯「翁之樂者山林也，客亦知夫水月乎」乙幅。歷經百年歷史後，至今仍屹立不搖的佇守於扇平地區。

於五木齋前的甲骨文匾額拓印。拓印提供／吳憶萍

五木齋全棟由檜木及鳥心石等台灣上等木材所建成。照片提供／楊源興

詩人侯過有扇平林場之行，曾留下觀後詩作：

採藥雲中去，看山畫裡行。過橋分野色，倚樹聽泉聲。

風靜雲歸早，山高月上遲。守門無太吠，報曉有雞啼。

山上培佳種，人間聽好音。十年樹木計，一片故時心。

茂林修竹絕塵緣，到此居然別有天。好山好水栽遍藥，只圖濟世不求仙。

辛苦栽培年復年，藥林藥圃等雲聯。耕山都為蒼生計，不是尋常祇學仙。

土地膏腴氣候溫，蒼松翠柏四時春。蓬萊自古多靈藥，推廣栽培望及門。

　　　　──《侯過詩選》，〈扇平 1947 年春參觀扇平林場〉

五木齋外觀圖

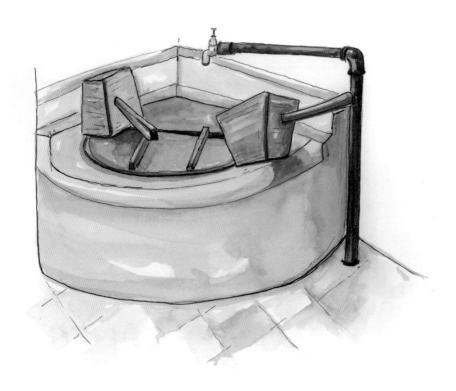

五右衛門風呂

　　在日本語中，「風」代表水蒸氣，「呂」代表深的房間，深的房間加上水蒸氣，風呂即為日式澡堂的稱呼，此種以鐵鍋直接加熱的方式，稱之為五右衛門風呂，是民眾為了紀念五右衛門的義賊而給予的稱號。使用方式是在屋外用木材直接加熱鐵鍋中的熱水，待溫度適中時，減少火源即可，泡澡者可踩著底部的木板直接泡在熱水中使用。早期山中有豐富的木材資源可供烹煮，在一整天疲憊的山林工作結束後，享受著柴燒山泉水的泡澡生活，真是令人羨慕。

古早茶桶底座

　　起初看到這項物品的人，大家都會猜想這是古時候常用來磨米磨豆子用的石磨，但細看其外形，卻又與一般的石磨不同。經詢問前輩後，才知道這是放置茶水的底座。扇平早期為京都帝國大學演習林，當時培育大量金雞納苗木，由於交通不便，因此山上的工人經常都是攜家帶眷一起在扇平生活，因此若把老人及小孩都算上去，人數都在 250 人以上。為解決飲水問題，在許多住屋及辦公室旁都設有石磨一般的底座，放置茶桶，供需要茶水的工人使用，成為早期人們使用的飲水機。

黃楊

　　黃楊為常用的庭園及圍籬樹種，屬於小喬木或灌木，高度約可達 5 公尺，生長緩慢，樹形優美，木材為雕刻印材的上好材料。五木齋為日治時期京都大學演習林場長的公務宿舍，其周圍有著優美的日本山水庭園設計，而黃楊就栽種於五木齋的內院，配合岩石、踏腳石及落葉等，為住宿的人們營造一個用來冥想和沉思的空間。這株黃楊，在扇平與五木齋一起生活著，靜靜渡過了百年歲月，有空來扇平，別忘了來內院走走，看看這位五木齋的好朋友。

竹子泥巴牆

　　經過數次的地震及歲月洗禮後，老建築總有些損毀，五木齋在整修過程中，裡面特別保留一部份的竹子泥巴牆裸露而不予修復，讓遊客能了解當時的建築，改天來到這棟百年老建築參觀時，別忘了細看這百年前的建築工法。

石碑

　　從昭和 2 年（西元 1927 年）京都帝國大學於六龜庄設立辦公處開始，日本即開始研究金雞納的栽植技術，以期能有效提煉奎寧，治療瘧疾。光復後，六龜金雞納試驗場成立於民國 39 年 5 月，主要是接收日治時期有關金雞納栽植培育研究，後因南洋國家提煉奎寧價格低廉，加上已逐漸有化學合成技術，因此於民國 53 年，改為研究其它林業技術，並改稱為林業試驗所六龜分所。當時這個石碑不知為何就進了垃圾場，幸虧有位念舊的研究人員發現，將它搶救下來，並用水泥將它牢牢的立在扇平，跟著滿山遍野天然更新的金雞納樹，一起訴說著當年金雞納的故事。

外觀「六」角型如「龜」甲般的特殊建築，訴說著它與高雄六龜的聯結，而古樸滄桑的外型，吐露了一段久遠的林業故事。民國41年，數棵於扇平生長了百年的烏心石因颱風倒下，當時林業試驗所六龜分所鄭宗元分所長，親自率領員工上山取其木材，並於現場製材建屋，做為當時的辦公場域。

特別強調一點，建屋當時，扇平區域是沒有電力的，全憑著木工師傅們的真功夫，一刀一鑿努力完成。早期因辦公區域的建物多屬木造建築，因此單位內編制有超過5位的專業木工師傅職缺，可以隨時建造及維護。近年來，扇平園區逐漸走向環境教育場域，經

老照片上的林渭訪先生在現今的扇平附近所拍攝，木柱上寫著「森林是台灣的生命」。林渭訪先生在《台灣之木材》一書中，曾引用故美國林學家費諾所所言：「森體文明建築化小村之上，人未山峰藍加棺槨，不可與木材須失或離或缺」，可見他對林業的熱忱與重視。照片提供／林業試驗所六龜研究中心

過修繕整理後的自慶堂，現今是扇平志工服務中心。

　　當年，由林業試驗所第一任所長林渭訪先生所提的對聯於門口兩側，上書寫著「極目江山有容乃大；立身天地無欲則剛」這真是每天接觸大自然的森林從業人員，對人生及自我的期許。

　　林渭訪為林業試驗所第一任所長，任職長達二十年之久，對於台灣林業研究及實務有極大貢獻。林先生不獨為當代林學大師，且教誨青年學子，諄諄不倦，重視學術與品德修養，以身示範，監察委員陳翰珍先生嘗言「林氏不獨為當代林學大師，且為近世廉吏」（錄自王國瑞著《臺灣林業人物誌》），真非虛語矣。任職期間：民國 34-54 年。

當年自慶堂的老照片，前排蹲者右一為邱雲開先生，左二為林坤祥先生。第二排坐者右一為台北經營系蔣復慶主任，右四為台北總所林渭訪所長，右五鄭宗元先生為六龜金雞納試驗場第一任主任，也是後方建築「自慶堂」之設計者。
照片提供／林業試驗所六龜研究中心

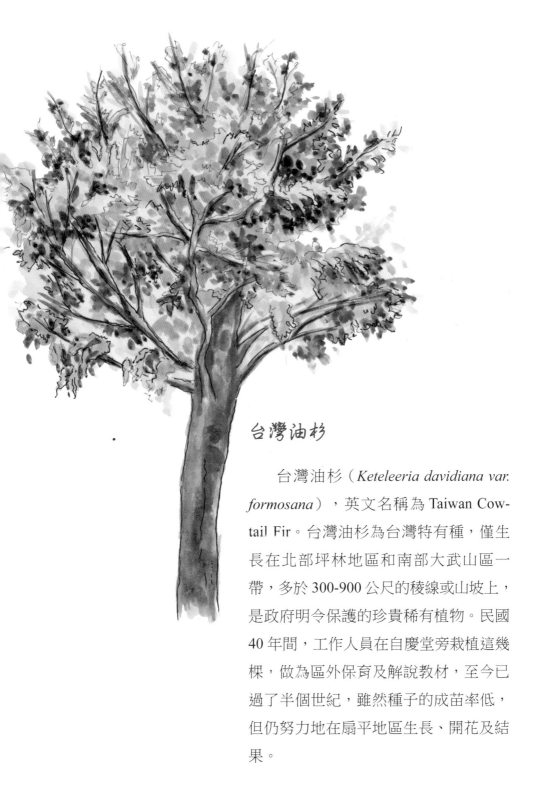

台灣油杉

台灣油杉（*Keteleeria davidiana var. formosana*），英文名稱為 Taiwan Cow-tail Fir。台灣油杉為台灣特有種，僅生長在北部坪林地區和南部大武山區一帶，多於 300-900 公尺的稜線或山坡上，是政府明令保護的珍貴稀有植物。民國 40 年間，工作人員在自慶堂旁栽植這幾棵，做為區外保育及解說教材，至今已過了半個世紀，雖然種子的成苗率低，但仍努力地在扇平地區生長、開花及結果。

鳥巢 vs 屋簷

　　當初屋簷設計應該是考慮到建物的遮陽及
避雨，因莫拉克風災過後，這幾年園區少了人
為干擾，在一旁的屋簷下，常可見到鳥類在此
築巢繁衍下一代。

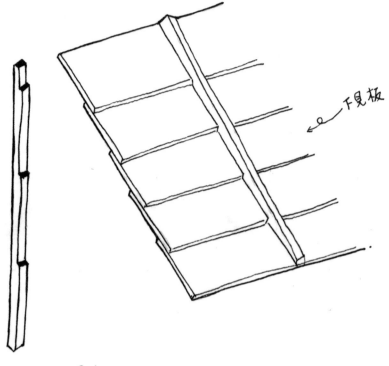

下見板

　　日本建物中的土壁經常覆蓋上白灰泥保護，但
遇雨時還是容易受雨水侵蝕損壞，因此，乃在其上
裝設木板予以保護，若木板採上下略為交疊而橫向
排列者，稱之為「下見板」，即俗稱的雨淋板。台
灣的日式建築大部份的外牆均採用雨淋板，

　　其中最常見的就是"簓子下見板"的樣式，「簓
子」的意思，即是指配合雨淋板重疊方式，將押緣
作成鋸齒狀之意。自慶堂的外側即是此種結構。

青剛櫟

青剛櫟廣泛分佈在台灣海拔 2,000 公尺以下闊葉林中，可以產生大量好吃的堅果，是松鼠及黑熊等野生動物的重要食物來源之一。不僅動物喜歡它，木材也對早期人們有極大的貢獻，材質堅硬耐用，早期常被用於建築、船具、農具、車輛等。在木工用途上，如同赤皮與錐果櫟 2 種植物，青剛櫟堅硬的木質，可做為木工鉋刀的鉋身基礎材料，只不過顏色不比其它兩種豔紅，木材偏淡灰褐色，因此又稱為白校欑。

扇平位於海拔 700 公尺的山區，擁有豐富的天然森林資源，早期專業的木工師傅利用青剛櫟木材做成的鉋刀工具，以各種木材為材料建造房子及製作日常用具，靠山吃山，先民們發揮了智慧，充份利用山林資源。

青剛櫟

低調樸實——
扇平舊伙食團

　　早期山中作業繁忙，各個工作站少說都有約數十名員工進行育苗或砍草等林班工作，當時交通不便，為了解決吃的問題，每日有稱為「交通ㄟ（台語發音）」的工人專程從山下運送公文及新鮮食材至扇平工作站，提供給工作站員工食用。

　　大約民國 50 初年，於現今辦公室旁新建了餐廳，由工作站數十人共同組成伙食團，共同經營及共食。當時救國團在這裡設立「蝴蝶谷扇平山區活動隊」，就是借用伙食團人員及用具，提供參加學員伙食。民國 72 年，扇平工作站員工宿舍旁蓋了另外一處新餐廳，舊伙食團餐廳則改成供為通舖住宿及倉庫使用至今。

民國六十幾年，青年救國團每年都到扇平工作站辦活動，那一年因廚房的空間
不夠使用，因此，就在辦公室前面廣場臨時搭建廚房做菜，苗圃工人也來幫忙。
照片左邊為楊有盛站長。照片提供／林金榮

救國團——蝴蝶谷扇平山區活動隊

　　中國青年反共救國團的成立與運作，初期目的是提供訓練，包括射擊、駕駛、操舟及游泳方面，並由國防部支援。50 年代時，則逐漸針對在學青年舉辦假期活動，改為青年育樂活動。扇平位處山區、風景優美、生態豐富，因此被列為登山活動分類之一，每年在此辦理的「蝴蝶谷扇平山區活動

當年救國團至扇平舉辦蝴蝶谷扇平山區活動隊。照片提供／林業試驗所六龜研究中心

救國團至扇平舉辦蝴蝶谷扇平山區活動隊。中間站者男子即為楊有盛站長。
照片提供／林業試驗所六龜研究中心

隊」，深受年輕人喜愛。當時因為參加人數眾多，扇平舊伙
食團不敷使用，因此臨時在伙食團門口另外搭建簡易的廚房，
以確保能同時解決扇平工作站員工及參加救國團學生的飲食
需求。

紅色磚造房屋

紅磚屋在綠意盎然的山林中，更顯沉著古樸。

竹類標本園

　　在舊伙食團後方有一片竹園，設立於民國五十九年，由竹類專家林維治先生收集與繁殖後成立，是台灣歷史最悠久的竹園，早期供學術研究及提供其他竹園展示竹苗使用，現

今配合扇平森林生態科學園之成立，提供森林教育解說服務。竹子分布很廣，全球皆有生長，主要分布在亞洲地區，多分布在低緯度的熱帶與副熱帶季風區。竹子生長快速，曾有老師早上帶著學生前往野外進行竹類研究，將帽子掛在竹子頂端，待黃昏課程結束欲返家時，已無法取得帽子，由此可見竹子生長的速度。現今在六龜地區常可看到農民販售「大胖筍」，就是當年林維治先生從馬達加斯加引進，栽植於扇平的巨竹。

民國60幾年，蔡達金先生帶著太太到扇平遊玩，於扇平的竹類原種園巨竹前拍下的紀念照，當時即可見竹筍的尺寸比成人的大腿還要粗壯。照片提供／蔡達金

童話般建築——
扇平舊辦公室

　　這棟看似童話中才會出現的橘黃色夢幻建築，若不特別介紹，會讓人以為是咖啡館；日治時期為京都大學演習林的二層樓辦公室建築，此建築結構下層為水泥灌漿而成，上層為木造建築。

扇平工作站辦公室。照片左邊坐著的是當時在扇平煮飯的彭陳秀玉女士和其大兒子，右邊坐著是林陳射留女士和其兒子；當時扇平員工幾乎都是全家大小一同住在山上生活。拍照時間為民國六十一年。照片提供／林坤燦

日治時期扇平的辦公廳。照片提供／謝仁寬

　　新辦公室完工後，本棟建物一開始為遊客住宿使用，後再改為視廳教室及員工娛樂中心。在巨木森林下，橘黃色鮮豔的木造外觀搭配深灰色瓦片屋頂，有種淡淡的歐洲建築味道，整棟建築物在群山擁抱下也相當顯眼。

童話般建築扁平舊辦公室

　　已被爬藤類佔領的外觀，可見時間在這裡留下的記憶。

喀什米爾柏

　　栽植於辦公室附近的喀什米爾柏，原產於喜馬拉雅山東部的不丹和印度東北部區域，屬於常綠喬木，樹高可達 20 公尺以上。民國 60 年左右，一位林業人員胡大維先生由美國引進種植，在這裡，其下垂枝條的優美身型與配合山中雲霧的白粉顏色葉片，彷若一道瀑布一般，讓過往遊客都不禁駐足與之合照，成為遊客旅遊扇平記憶中的一部份。

雨淋板

　　扇平舊辦公室為二層樓建物，由底層的鋼筋混凝土結構，
及上層的傳統木造結構組合而成。木構造的外側為雨淋板，
雨淋板是由橫向的木板上下略為交疊組合而成，可防止外牆
受到雨水侵蝕。二樓辦公室內大型的木製窗戶座落二旁，為
辦公室帶來了充足的光線及新鮮空氣，窗外綠油油的山林、
幾乎伸手可及的豔麗桃花及茶花，再加上蟬鳴鳥叫，真讓人
羨慕以前能在此工作的前輩們。

涵底鉋

　　早期辦公廳舍多為木材結構，公務單位的人員編制中有多位木工專長的技術士，可以隨時製作或維修大木作（房舍）或細木作（家具），當時都使用純手動的木工用具，因為扇平山區連電都沒有，當然沒有現代化的電動工具。

　　「涵底鉋」為早期木工師傅常用的鉋刀之一，有刨平溝槽底部的功能，可用來製作木門或木窗底部的軌道槽，使木門木窗可沿著軌道槽橫向推開或關閉。後來電力及電動工具普及之後，取代了傳統的木作鉋刀，涵底鉋之類的傳統鉋刀們就靜靜的躺在木工室內，功成身退。

被遺忘的年代——
南鳳山工作站

此工作站於日治時期就已存在，當時稱為「吉田作業所」，為一木造建築，海拔高度約 1,650 公尺。是當時山中重要的金雞納樹及其它造林木培育栽植場域，地處偏遠山區，員工多是攜家帶眷在這裡工作、生活。光復後，改名為「南鳳山工作站」，並加強整修成半木造建築。

日治時期吉田作業所員工合照。照片提供／楊源興

光復初年，當時的工作站管理人員駱懷玉先生（多納村原住民），休假返家時均是取道馬里仙溪——紅塵峽谷等山岳徒步走路回家，翻山越嶺，非常辛苦。直到 50 至 60 年代，伐木作業後需要培育大量苗木栽植，因此於民國 71 年重新整修成水泥式建築，供育苗及研究人員使用。從早期的金雞納試驗苗木育苗至近期的台灣杉造林苗木及試驗苗木培育，南鳳山工作站一直擔任重要的任務。

台灣杉森林

台灣杉森林，鳳崗南鳳地區有西元 1939 年時，日本人栽種的台灣杉小面積試驗林，將近 80 年生的台灣杉，胸徑最大的已超過 100 公分，3 人以上才能環抱，非常雄偉。台灣杉因木紋顏色綺麗，又稱「七彩亞杉」，深受大眾喜愛。屬於台灣特有種的台灣杉，高大樹形可達 90 公尺以上，因此魯凱族人戲稱它「撞到月亮的樹」。身處南鳳山工作站，蟲鳴鳥叫，配上雲霧中若隱若現的台灣杉樹海森林，令人流連忘返。

南鳳山地區，從日治時期至 70 年代，陸續均有木材砍伐作業，為厚植森林資源，後續造林作業時，有一半以上的伐木面積都選用台灣杉為造林樹種，最早一批的台灣杉造林木，至今已超過 45 個年頭，形成美麗的樹海。

一旁的山中小屋，早已荒廢，雜草藤蔓爬滿屋子四

周，因年代久遠，無法
查出當時建造的意義，
若不注意，很難發見它
的存在。

　　莫拉克風災過後，
許多林班地大面積崩

塌，車輛無法通行，林業工
作人員常是徒步走在崩塌的
林地，這是一件既危險又辛
苦的工作。

雲霧森林——
鳳崗山工作站

　　位於海拔 1,650 公尺的鳳崗山林區，為早期伐木時代山區工作人員的駐守據點。同時也供作育苗苗圃，培育山林砍伐後造林所需苗木及供林業試驗所等研究人員野外研究住宿使用，在年平均溫度 10 度的嚴峻環境中，看似簡陋的小屋，至今仍駐守原地，提供山區工作者無比的溫暖。

這裡後方有一苗圃，早期造林苗木需求動輒數萬株，為了供應大量的造林苗木，除了在平地苗圃進行育苗，會在山上苗圃同步進行。而山下的苗木在進入造林地栽植前，需要先進入山上的苗圃進行健化，以適應山上的氣溫溼度等環境，因此，鳳崗山苗圃擔任了重要的苗木培育角色。

苗圃依坡度修築成階梯狀，採用當地出產的頁岩為材料，多納魯凱族人所居住的石板屋亦是使用此一材料，先經簡易加工後成為趨於規則片狀的石板，堆砌成一階一階的苗圃台地，不需鋼筋支撐，亦不用水泥膠合，穩穩坐落，成為培育苗木的基地。

六龜野生山茶

　　鳳崗山附近森林裡，生長著許多的六龜野生茶樹。根據記載，早在 18 世紀，原住民已有使用野生老茶樹製作茶葉的習慣。野生茶樹到底何時來到台灣？是否屬於台灣原生種植物？有眾多說法。茶樹只靜靜站在原地，每年年底開花結果，種子可供動物（例如山中的刺鼠）取食，運氣好的則可發芽生長成小苗，加入山茶族群；初春時隨著雨季到來，開出嫩芽新葉，供動物取食，當然這裡指的動物，也包括人類採收製作野生山茶。

通舖

　　鳳崗山苗圃外觀為紅磚混凝土的平房建築，外觀簡易樸素。其內部也有相同格調，幾根角材上撐起了數片合板，即可做為十數人住宿的溫暖通舖；為了善用室內空間，在通舖外緣架設的鐵線，用以吊掛衣物，可能是清洗後乾淨的衣物，但也經常是帶著汗臭及汗水的半乾工作服，不管如何，晾乾最重要，隔天還要出外調查呢！堆疊綿被及背包的通舖、走道上方滿是吊掛的衣物、滿地的托鞋、滿室的喧嘩、滿桌的熱茶、茶點及暖身烈酒，這就是山區野外調查的滋味。

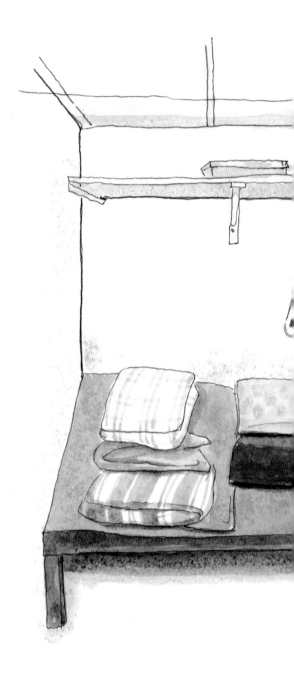

氣象台

　　山林中不論植物及動物的生長存活、道路坍坍的大小及
瀕度、生物或物理環境的長期變化關係等,均與氣候息息相
關,藉由長期氣象資料收集與比對,才能得到客觀且正確的
分析結果。鳳崗山苗圃從民國 61 年開始,即與中央氣象局合
作,設置御油山氣象觀測站。起初是由林業試驗所的人員進
行氣象觀測,早期許多資料都需藉由人工記錄,有些甚至每
天晚上 9 點都要到觀測站記錄資料,因此當時可領取相關的
加班費及津貼。後來使用自動化氣象監測儀,僅需每月定期
上山收取並換上新的資料收集盒,交由林業試驗所集水區或
中央氣象局人員進行分析即可;近年來,因網路資訊傳輸方
便且快速,已改由網路直接進行資料傳輸作業,因此在豪大
雨發生時,能立即得知山區雨量變化,提供行政單位作業決
策管理的依據。

木材守護站——
林產物檢查站

　　光復初期，台灣林業興盛，山中林道大量開發，工程車進入山區進行林道開設作業。這時已開始有 ㄇㄚˋ ㄍㄟ ˊㄚˋ 機具架設於伐木林場中，用以運木頭，配合每天奔馳於林道的運木頭卡車，比起早期以人工拖運木頭有效率多了；為了確實管理伐木卡車上的林木，林業單位都會在許多林道的出口處設置「林產物檢查站」。

早期伐木興盛，山中工作是六龜人重要的經濟來源。
照片提供／陳金鳳

　　位於中興社區尾庄扇平林道出口
處的林產物檢查站，是一棟小小木造建
築，建造年代已不可考，當時有林業工
作人員駐守在此，根據老一輩林業工作
者描述，伐木時期這裡每天都會有許多
卡車出入，每輛從山中載滿林木出來的
車輛，都必須在這裡停車查驗，等待工
作人員確認樹種及數量並蓋上鋼印後，
才可放行。

被拆除的建築物旁，只剩下立在一旁的小招
牌見證這一段山林歷史

只是，隨著時光流逝，山中伐木盛況不再，這棟建築物早已功成身退，並在前幾年，林業單位為安全考量，已將它拆除，只剩立於林道旁的「林產物停車檢查」柱子及「煙火不慎 禍延千里」標示牌，現今我們只能在這本手繪書中，找尋這棟老建築曾留下的身影。

林產物檢查站

鋼印

　　早期伐木時代，為了妥善管控山區林木的砍伐合法性，制定了 6 種鋼印標誌，用以烙打於原木上，可有效管理伐木流程，防範違法事件發生。這些標誌分別為：

1. （界）查印：林木的砍伐必需先確定面積及境界，在測量時，沿路選擇境界木，並向伐採區域內側方向烙打菱形的（界）字鋼印，並且依序編號及標註於伐區地圖之上。

2. 每（查）印：在砍伐區域內，針對需砍伐的林木進行材積調查後，烙打梅花形每木調查的（查）字鋼印，且需烙打於砍伐點以下（一般約離地 30 公分以內）。

3. （障）查印：伐採區域或伐採標準以外的林木伐砍，必需烙打橢圓形的（障）字鋼印，並調查林木材積。例如運材道路的開設時，檔住道路開設的障礙木，就必需烙打（障）字鋼印並予以伐除，以利木材運輸。

4. （放）行印：林木砍伐後會暫時放置在平坦寬闊的土場，待一定數量後統一檢尺（檢查標訂尺寸並統計材積），烙打上三角型的（放）字鋼印後，即可運出。

5.（跡）查印：在林木砍伐作業完成後，必需針對砍伐跡地進行檢查。沿著蓋有（界）字鋼印的界木巡視，確保沒有越界砍伐林木，並在殘留樹頭上烙打線板形的（跡）字鋼印。

6.（封）查印：當發現被砍伐下來的林木是屬於盜伐或誤伐等有問題的木材時，將烙打上圓形的（封）字鋼印，代表查封之意，未經法院等公正單位審理不得擅自移動使用。

　　善用以上 6 種不同鋼印，加上伐區地圖等資料，可精準掌握伐木作業的合法性。握有鋼印的林務人員，就如同古代持有尚方寶劍的欽差大臣，可掌控林木的生死，不可不慎。

百年屢試不爽——
林業試驗所六龜研究中心

林業試驗所六龜研究中心，前身為日治時期京都帝國大學台灣演習林，當時京都帝國大學於六龜設置「六龜事務所」，光復後，六龜金雞納試驗場成立於民國39年，主要是接收日治時期有關金雞納栽植培育及研究，後因南洋國家的提煉奎寧價格低廉，加上逐漸被化學合成技術取代，因此民國53年改為研究其它林業技術，並改稱為林業試驗所六龜分所。

現今，林業試驗所則逐漸轉變為以長期森林生態經營、保育、環境教育為主。

　　當年的辦公廳舍屬於木造建築，由於台灣高溫多雨，木屋不易維護。50 年代六龜開始進行山林伐木作業，可編列伐木作業預算，經費較為寬裕，因此於民國 61 年時，將辦公廳舍改建為現今的混泥土構造。

遮陽板

正門旁的這一排混泥土建築構造，是一排遮陽板，當時的設計將窗戶往內推，當陽光照射時，遮陽板發揮極大功能，可稱為綠建築典範。

每當談起六龜林業試驗所的辦公室，老一輩的六龜長者都會回想起辦公室前方的圓形水池，雖然現在已填平改種植蘇鐵，但他們記憶中，始終存留著當年的水池印象。早年交通不便，學校大多舉辦遠足，以步行方式到附近走走，遠足對小學生來說算是大事了，有得吃、不用上課又可以拍攝一張難得的照片留念，而當時日本京都大學演習林在六龜的辦公廳風景優美，可供暫時休憩並提供茶水，前方還有特殊的圓形水池，經常有小學團體到此遠足拍照，因此成為六龜老前輩們的共同記憶。

林業試驗所是當時附近小學生遠足踏青的地方。照片提供／林煥松

古董車

　　這台古董汽車廠牌為雪佛蘭（Chevrolet），約為 1930 年代所生產。

　　二十世紀初期，台灣仍屬於日治時期，京都帝國大學於台灣成立演習林，昭和 2 年（1927）於六龜庄設立辦公處，並於扇平成立苗圃，此汽車為當時日本長官的座車。光復後，因保養零件取得不易且政府經費有限，加上此汽車的駕駛座位設計是供靠左行駛的日本系統使用，不適用於靠右行駛的台灣，因此無法使用，一直停放在林業試驗所六龜分所的木製倉庫中至今，其車齡至今已有 80 年以上。

隱身林間──
林業試驗所宿舍

這一排磚造平房就坐落在林試所苗圃旁，一旁被綠樹成蔭的大樹包圍著，大約於民國40年代，林業試驗所六龜分所的宿舍均屬木造或簡易磚造建築。在那保密防諜，人人有責的戰爭年代，為了防止首都台北遭受共軍侵襲，六龜分所蓋有簡易磚造的臨時宿舍，可供台北同仁避難辦公使用，

平時則暫借六龜的員工住宿。直至民國 50 年後，因戰況趨於平和且林場伐木作業時能編列作業預算，民國 63 年間，才有經費拆除舊宿舍，重建新的員工宿舍，專供六龜分所員工使用至今。

桃花心木

　　這一整排桃花心木生長於宿舍旁，據估計樹齡超過20年，
每年三月時節春天到來，葉子便一起變黃變紅並落葉，那時
是最美的時候，也總會吸引許多人在此拍照留念。

夏天的午後，偶爾可以看見試驗所員工的小孩，在宿舍旁拿著網子捕抓、觀察昆蟲，在矮紅牆、大樹下形成一幅美麗的圖畫。

粗工細活不一樣——
林業試驗所木工室

　　日治時期的林業試驗所六龜研究中心曾為「金雞納試驗場」，此棟平房建物位於宿舍對面，當年是用於存放山上採收下來的金雞納樹皮的倉庫及木工室，前方廣場就是當時曬金雞納樹皮的地方，此廣場亦同時供做網球場及早上升旗集合使用。後來因金雞納樹所提煉的奎寧可由化學合成且不敵南洋生產的低價競爭，金雞納功成身退，如今倉庫變成木工室專用及存放育苗器材。木工室裡放著許多木工師傅所使用的手作工具，當年從房子到常民生活的用品都是木質材料製作，每一道製造工法程序都必須是經驗累積且耗工耗時手工完成，只是隨著機器發明，加上老師傅逐漸凋零，手作器具早已被各種電動機具所取代。現今只剩一旁的老樟樹陪著這棟磚造屋靜靜地度過歲月。

後方建築為放置金雞納樹皮的倉庫，前方廣場為曬皮場；因日本人喜歡打網球，
因此廣場架設網球網，平日若無曬皮，即可做為網球娛樂使用。
照片提供／羅秀文

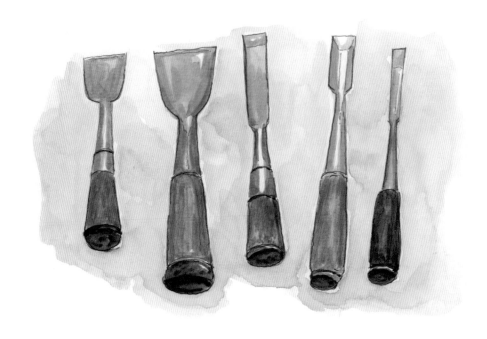

木作工具

　　傳統手作的老木工師傅工具可不少，雖然木工室已隨著木工師傅的凋零而關閉，但至今櫃子上仍存放許多老師傅的木作工具。

老木桌

　　早期農業社會，生活上大都使用木製用品，如住屋、傢俱、牛車的車輪及車台等。因此，林業公務機關內都有專業的木工師傅及木工室，能利用山上的木材自行製作單位內所需用品。六龜林業試驗所中，仍保有近百年前京都帝國大學留下的木桌，桌腳烙印著「京大演習林」，並釘上銅製的財產編號名牌。望著這千百年的木材，近百年的老木桌，彷彿掉進時光隧道般，看到久遠前山林的故事。

山迴路轉──多納工作站

海拔 1,050 公尺的多納工作站，在日治時期就已成立（多納作業所），但規模比吉田作業所還要小。民國 60 年代，林業試驗所開始針對六龜試驗林多納林區進行伐木作業，因為有重新造林育苗的需求及伐木作業基金的財源，在民國 72 年重新選址後，新建較具規模的多納工作站，以此基地持續進行造林苗木之培育、造林及試驗等工作。一旁的多納林道即是山友登「大小鬼湖」經常使用之路徑，也是中南部登山客以及單車愛好者熟知的林道之一。

打檔機車

　　台灣山勢陡峻，森林裡的作業道路狹小，因此結構粗勇、馬力強大且能隨地形立即變換檔位的打檔機車，成為森林從業人員的交通工具首選。

安通吊橋

　　隔著溫泉溪與多納林道相望的 19 林班有許多林業研究計畫，當時工作人員都是趁著乾季時，在溪底開設便道才能到達。為能提高作業效率，在民國 75 年開始規劃吊橋設置，此吊橋是由當時的造林承包商江安發及朱文通先生承包施工，

長度 186 公尺，距溪床垂直高度約 87 公尺，通行寬度約 1.5
公尺，在險峻環境中架設吊橋，要克服許多環境因素，雖僅
供人徒步或打檔機車通行，卻大幅縮短了工作人員的時間與
體力，吊橋名稱則取自二位施作者的名字，「安通吊橋」有
安全通行之意。

民國 75 幾年建造吊橋，左邊為朱文通先生，右為林業試驗所楊吉雄先生。兩
人於吊橋上留影。照片提供／朱文通

工作站前庭

　　工作站的前庭，研究人員在工作之餘
的寒冷夜晚會在此生火、泡茶、聊天，是
一種山中無歲月的景象。

生活憶往

六龜生活脈絡

　　一個地區的生活脈絡是如何形成呢？地景、產業、人文及建築，都有著密切關係。

　　十八羅漢山佇立在荖濃溪旁，像個張開雙臂的巨人守護著六龜，在十八羅漢山下，有著於昭和 12 年（西元 1937 年）日本人為了砍伐、運送木材及軍事考量而開挖的六個隧道，隧道開通，也開啟了六龜這座山城對外的交通。

　　此時，許多客家族群千里迢迢地從桃園、新竹，苗栗來到六龜深山進行製樟取腦及伐木工作，大量的工作人員每日都需要柴米油鹽醬醋茶，於是，雲林、嘉義、台南、屏東等地區的民眾也逐漸來到六龜討生活或經商，漸漸開啟了六龜的繁榮盛況。當時的六龜，人潮川流不息，百貨五金行、打鐵店、小吃攤麵店、戲院、洗衣店、布行、理髮店等，每天清晨開始營業，通常要到凌晨才能關門休息。

　　數十年後，我們開始著手收集與六龜人文相關的老建築資料，發現已有近百年歷史的六龜客運站，前身竟是接待日本人的宿舍，後又轉為經營酒家，街上的洪稛源交易所、打鐵店等與當年六龜生活文化息息相關的老建築，曾經在那個年代扮演相當重要的角色。

也因為這些建築，讓我們更加了解林業與六龜的生活脈絡，現在，就讓我們跟著這些老建築，回到曾經繁榮的六龜吧！

50、60年代六龜街上商家林立。照片提供／黃景輝

旅人的記憶——
六龜客運站

　　若搭乘客運來到六龜，許多遊客會被這三棟一層樓高呈
ㄇ字型的日式木造建築吸引，沒錯，它是六龜唯一的客運站，
已被前高雄縣政府公告為六龜第一座歷史建物。

　　客運站的前身，是日本人池田兵太郎於昭和 4 年（西元
1929 年）所建造的「池田屋」，主要是為了接待日軍駐防及
日本警察的旅社，昭和 9 年（西元 1934 年），池田兵太郎不
幸過逝，池田屋由其女兒池田美代、女婿池田秋好接手經營。
二次世界大戰後，池田美代、池田秋好遭遣送回日本，池田
屋因債務問題而由六龜農會信用組合接管，民國 35 年（西元
1946 年）改由台灣人承租並轉型為酒家。民國 42 年（西元
1953 年）由高雄客運公司承租，並在民國 50 年（西元 1961 年）
承購，直到現在，客運站為六龜地區重要交通運輸樞紐。

六龜車站及當年客運車載滿旅客的情形。照片提供／陳鴻鳴

六龜客運站與老巴士

六龜車站正面淺藍色的木造外觀搭配紅色屋頂格外顯眼。除屋瓦破損全面翻修為波浪板，以及少許主體檜木樑柱因整修而抽換成杉木外，內部空間仍保存創建時的大部分原貌。

售票亭

　　因為現今搭乘客運的人數不多，曾經服務過許多旅客的售票亭，早已封閉，改為上車買票。

候車亭

  不造監底的候車亭，深咖啡色長板凳，這裡是許多六龜遊子回家的記憶。

加油箱

　　這座置於車站後方廣場旁的加油箱，後方還有幾個儲油桶，根據工作人員表示，數十年前六龜地區尚未設立加油站，車站便自行購置加油箱與油桶，方便每日進出的客運車加油使用。

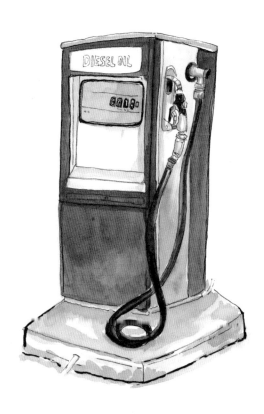

交易所洪稇源

　　若說到「洪稇源」，老一輩的六龜長者幾乎沒有人不認識它。

　　隱身在六龜巷弄中的「洪稇源」，日治時期原是交易所，所謂「交易所」，就是當時日本人為控制原住民經濟、生活及交易的重要制度之一，日本政府規定住在山中原住民所捕獲的獵物如山豬、山羌等野生動物，以及耕種收成的農作物均不准自行販售，必須下山拿到「交易所」作交易或買賣；如交換鹽巴或菸酒等民生生活用品。

交易所洪稇源外合照。照片提供／洪謝慧娥女士

出生於民國 6 年的洪謝慧娥阿嬤原是鳳山人，23 歲那年嫁來六龜，根據阿嬤表示，因公公當時任職於「隘勇」，即為山中的警察，和日本關係甚好，因此就在六龜開始經營交易所，公公過世後，精通日文的婆婆一肩扛起家中重擔，為了和日本人建立友好關係，屋內房間還擺放著日人女兒節或兒童節祭拜的娃娃擺飾，因此當時日本人都喜歡來家中串門子、吃飯、看這些擺飾並拍照留念。這裡最熱鬧的年代，曾住到 30 幾人。有時從高山下來的原住民也會直接在騎樓下住一晚，隔天才回到山上。

小男嬰後面擺飾著許多日式娃娃。
照片提供／洪謝慧娥女士

　　現今走進洪稛源，屋內已不見當時人聲鼎沸之盛況，曾經放置鹽、菸酒等日常雜貨的木櫃也已空蕩蕩。剩下牆上的書法畫作、櫃上擺放著動物標本、寧靜的長廊、日式的塌塌米，和空氣中散發一股木頭香氣，靜靜訴說著近百年八龜的歷史。

洪稇源紅磚建築

　　雖是在六龜巷弄裡，但洪稇源的紅色磚造建築，看得出當時屋主的氣度。根據洪謝慧娥阿嬤表示，當年她嫁到這裡，家裡就在這屋頂陽台上連續辦了三天三夜的喜宴，可見洪家在六龜的人脈與地位。

鳥瞰洪稇源全景。照片提供／洪謝慧娥

洪稛源後院

　　洪稛源的後院就像一個秘密花園，各式各樣的植栽搭配大石板鋪地，主人也刻意將早期重要的生活用品石磨擺在庭院，有不忘先民刻苦精神之意味。

編按：此書編輯期間，洪謝慧娥阿嬤以 100 歲高齡辭世。

鏘鏘鏘的聲音——
順利打鐵店

　　「以前的六龜街上非常熱鬧，電影院、百貨行、酒家，還有好幾家打鐵店，像我們，每天一早就鏘鏘鏘的開始一天打鐵的工作，到了很晚才能休息，手都做到長繭，現在，早已經沒有這種景象了啦！」老闆回憶著那一段歲月。

　　這間位於六龜大橋河堤旁的「順利鐵店」，是民國五十幾年老闆李階得阿伯和弟弟一同從屏東萬丹到六龜來打拼開的店，因為當時在屏東生活並不富裕，兄弟倆知道六龜山中盛行伐木，不管是開墾、砍草、種植等工作都需用到刀子、鋤頭，需求量大，因此便從萬丹來到這裡打拼，這一待就是一輩子。

左前方為打鐵店老闆李階得先生，後方為弟弟，兩人於打鐵店門口合影。拍攝年代，民國五十幾年。照片提供／李階得

阿伯回憶起當時，光打鐵店就有
好幾家，大街上、河堤邊，每間打鐵
店幾乎都是從早忙到晚，可以想像當
時六龜的榮景。阿伯經營的順利鐵店
曾經也是好幾個工人沒日沒夜不停地
工作，老闆娘則是每天一早肩上擔著
扁擔，搭乘客運到寶來賣刀子做生意，
直到下午搭車折返，生活過得繁忙充
實。現在的六龜只剩兩家打鐵店苦撐，
阿伯無奈地說，打鐵工作非常辛苦，
山上的林業工作也沒落，因此至今他
的技術尚找不到傳承的人。

　　因著時代及產業的轉變，打鐵店
儼然成為夕陽產業，或許再過幾年，
六龜再也看不到「打鐵」這行業了。

打鐵職人李階得阿伯

　　已經 70 幾歲的李階得阿伯，打鐵是他一輩子的工作，雖然辛苦，但也樂在其中。

灶台上與打鐵器具

　　這座打鐵爐灶與工具台，是打鐵過程中不可缺少的，每天，生炭火、打鐵鏘鏘鏘的聲音陪伴阿伯工作時光，同時也見證六龜的繁華與衰落。

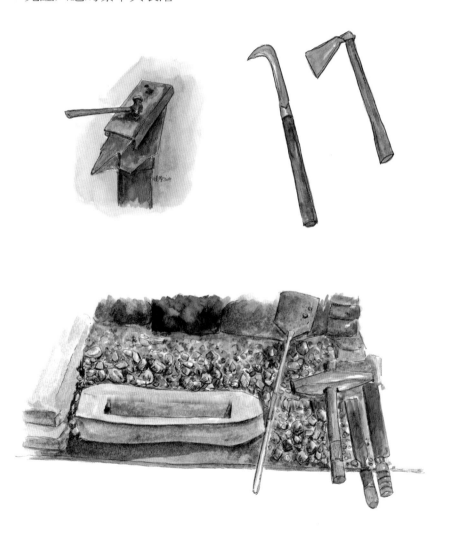

山下安居——
永久安置榮民保育工寮

這一整排日式建築的老房子，就坐落在扇平林道的出口處旁，若不是特別留意，很容易錯過。

民國 50 幾年，國民政府決定開發南部橫貫公路及藤枝林道，需要大量人力，此時許多從大陸

民國 60 幾年和先生及五個孩子在家門前的生活照。照片提供／李陳金珠

飄洋過海來的榮民，被分發來到六龜地區，協助這兩項開路工程，當林道開通作業告一段落，許多榮民被轉任到林務局工作，為了安置這些榮民及家眷，林務局便在中興社區尾庄這裡搭建工寮讓員工及家眷居住。

當年這裡約有20幾戶員工宿舍，根據阿嬤的回憶，最熱鬧的時候住了約70幾

民國60幾年三個小孩在自家門前的生活照，照片可以看出當時林務局宿舍是以木板為建築材料。照片提供／李陳金珠

人，大人、小孩，養雞、養鴨、種菜，過著與世無爭的山林生活，但事過境遷，老者凋零，年輕人為了學業及工作陸續搬離，如今這裡只剩一位阿嬤獨居，幾年前，林務局因為考量到老建築年久失修、安全結構問題，將一部分建築拆除，只保留阿嬤居住的這一棟老建築，令人不勝噓唏。

榮民保育工寮與志工阿嬤

　　阿嬤的先生早年過世後，小孩也陸續到
都市生活，只剩阿嬤一個人居住在此，每天
種菜、種花，到社區當志工，阿嬤說，這裡
有太多她的生活回憶，雖然一個人，但不覺
得孤單，已習慣這裡悠閒的山居生活。

紅磚洋房——
永光行

「永光行」座落在六龜老街 7-11 旁，是一棟兩層樓的紅磚建築，今年高齡 82 歲的鍾照明阿伯回憶起，約在民國 42 年至 43 年間，爸爸和阿伯規畫自己蓋這棟房子，包括擔砂子、磚塊、水泥等工作都是自己來，二層樓的紅磚厝可說是當時六龜最大的雜貨店。日治時期這裡因為靠近車站，包括有交易所、郵局代辦處、電信局還有合作社，人來人往，因此這附近算是六龜開發最早、最熱鬧的地方。

民國 47 年到 55 年間，有許多外省阿兵哥來到六龜協助開挖南橫公路及藤枝林道，街上每天人聲鼎沸，從一大清早 5 點多開門，營業到晚上 11~12 點才關門休息，有時候三更半夜還會有人來敲門要買東西。回憶起當時，店裡什麼都賣，包括電器、文具、襯衫、衣服、裙子，甚至冷凍魚、鹹魚、鹽、西藥、菸酒及山上伐木用具與製樟取腦的工具。

南橫公路及藤枝林道施工情形。照片提供／羅阿樹

直到現今，兩夫妻仍守著這超過一甲子的老店，細數著店裡面保存了數十年前的老算盤、煤油燈、熱水袋、熨斗、山上工作的伐木工具，以及黑松汽水鐵牌，這些歲月的痕跡，伴隨著永光行，一同存在六龜人心中。

料
TEL·6891877

見證歲月的永光行

　　見證六龜繁華歲月一甲子的永光行，紅磚外觀經過歲月洗禮，更顯樸拙與堅韌。

後記──
用畫筆記錄六龜

　　建築，是一個地方發展重要的文化脈絡。

　　六龜林業，在一般人眼中或許是陌生的，但這個山城卻有一段值得被記錄的歷史。

　　想做一本關於六龜林業的手繪書，醞釀了好多年，記得2007年回到六龜，開始著手田野調查、收集老照片，從阿公

阿嬤的敘述得知這個山城有許多動人的故事。我們很難想像，因著採樟製腦、伐木、山林開發，街上熱鬧非凡，商家從凌晨5點多營業到深夜12點過後才熄燈。

但70年代政府禁止山林伐木後，改變了這個地方許多人原本的生活方式，山城逐漸沒落，年輕人被迫搬遷到都市討生活，一棟棟老建築逐漸從六龜人的記憶中消失。田野調查、訪談過程中，也更了解這些老建築背後和居民生活文化的密切關係，為了豐富手繪書，經過多次的實地踏查、討論後，我們決定將老建築周邊景觀、植物及人文生活一併繪入做介紹，並放入珍貴的老照片作穿插，讓更多人透過本書認識、了解六龜。

這段執行期間，要謝謝很多朋友的協助，林業試驗所六龜研究中心林文智副研究員在幾個林業工作站調查上的協助，並在文史資料及文案撰寫著墨與用心；以及多次陪著我們田野調查並細心的在文案校對上付出的曾冠蓉主任，協助文案修飾的陳孟瑜小姐、倪筱婷老師，讓這木書得以更完整出版，我們希望用手繪藝術引領讀者進入六龜林業老建築，本書獻給為這片山林默默付出的林業工作者。

吳憶萍

特別感謝

洪謝慧娥女士、楊源興先生、彭陳秀玉女士、
李陳金珠女士、李階得先生、羅秀文先生、黎清文先生、
陳鴻鳴先生、謝仁寬先生、林業試驗所六龜研究中心
照片提供

國家圖書館出版品預行編目 (CIP) 資料

手繪記憶：六龜林業老建築故事集 / 吳憶萍、林文智作；
吳憶萍插畫 . -- 初版 . -- 高雄市：高市史博館；臺中市：晨
星 , 2018.12　面；公分
ISBN 978-986-05-7725-9(平裝)
1. 歷史性建築 2. 繪本 3. 高雄市六龜區

733.9/133.9/115.2　　　　　　　　　　　　　　107020948

高雄文史采風第 16 種

手繪記憶 ——六龜林業老建築故事集

作　　者 ｜ 吳憶萍、林文智
插　　畫 ｜ 吳憶萍
策劃督導 ｜ 王御風
行政督導 ｜ 曾宏民
策劃執行 ｜ 王興安、莊建華

高雄文史采風編輯委員會
召 集 人 ｜ 吳密察
委　　員 ｜ 李文環、陳計堯、楊仙妃、劉靜貞、謝貴文（依姓氏筆劃）

指導單位 ｜ 文化部、高雄市政府文化局
出版發行 ｜ 行政法人高雄市立歷史博物館
發 行 人 ｜ 楊仙妃
地　　址 ｜ 803 高雄市鹽埕區中正四路 272 號
電　　話 ｜ 07-531-2560
傳　　真 ｜ 07-531-5861
網　　址 ｜ http://www.khm.org.tw

共同出版 ｜ 晨星出版有限公司
地　　址 ｜ 407 台中市工業區 30 路 1 號
電　　話 ｜ 04-2359-5820
傳　　真 ｜ 04-2355-0581
網　　址 ｜ http://www.morningstar.com.tw
郵政劃撥 ｜ 22326758（晨星出版有限公司）
法律顧問 ｜ 陳思成律師
登 記 證 ｜ 新聞局版台業字第 2500 號

主　　編 ｜ 徐惠雅
執行主輯 ｜ 胡文青
美術編輯 ｜ 鄭雅萍
封面設計 ｜ 柳佳璋

出版日期 ｜ 2018 年 12 月初版一刷
定　　價 ｜ 新台幣 380 元整
ISBN：978-986-05-7725-9（平裝）
GPN：1010702180

Printed in Taiwan